(Se) Dê Amor

Cecilia Sfalsin

(Se) Dê Amor

Tenha um relacionamento íntimo com você e um compromisso inadiável com Deus. Que ambos sejam sérios.

1ª reimpressão

Se dê amor © Cecilia Sfalsin, 07/2019
Se dê amor © Trinca Edições, 07/2019

Edição: Haley Caldas e Lucas Maroca de Castro
Capa: Maria Soledad Maroca de Castro
Projeto gráfico e diagramação: Maria Soledad Maroca de Castro
Revisão: Amanda Bruno de Mello

Dados Internacionais de Catalogação na Publicação (CIP) de acordo coam ISBD

....

S522s   Sfalsin, Cecilia

         Se dê amor / Cecilia Sfalsin. - Belo Horizonte: Crivo Editorial, 2019.
         104 p. ; 14cm x 21cm.

         Inclui índice.
         ISBN: 978-65-5043-000-9

         1. Cristianismo. 2. Autoconhecimento. 3. Literatura devocional.
         4. Autoajuda. 5. Evangelização. 6. Religiosidade. 7. Vida cristã. I. Título

2019-965   CDD 240
                                                                                                CDU 24

....

Elaborado por Wagner Rodolfo da Silva - CRB-8/9410
Revisado segundo o novo Acordo Ortográfico da Língua Portuguesa (Decreto Legislativo nº54, de 1995)

                 Índice para catálogo sistemático:
                 1. Cristianismo 240
                 2. Cristianismo 24

Trinca Edições (Este selo pertence à Crivo Editorial)

Rua Fernandes Tourinho, 602, sala 502
Funcionários - BH - MG - 30.112-000
contato@crivoeditorial.com.br
www.crivoeditorial.com.br
facebook.com.br/crivoeditorial
instagram.com/crivoeditorial
crivo-editorial.lojaintegrada.com.br/

Dou graças a Cristo Jesus, nosso Senhor, que me deu forças e me considerou fiel, designando-me para o ministério,
[...]
Ao Rei eterno, ao Deus único, imortal e invisível, sejam honra e glória para todo o sempre. Amém.

(1Timóteo1:12,17)

A si próprio e ao próximo, dê Amor

Ainda que eu falasse as línguas dos homens e dos anjos, e não tivesse amor, [...] nada seria.

(1 Coríntios 13:1,2)

É muito importante você se conhecer e saber exatamente quem você é, o que te faz bem e o que você significa para Deus. O nosso pensamento tem que trabalhar a nosso favor, e não contra. Quando aprendemos isso, damos uma ordem ao nosso coração de filtrar apenas aquilo que é sadio para nós e amar o outro mesmo que ele não nos aceite como somos.

Dedicatória

Dedico este livro a você, que faz desse tempo de leitura uma busca por respostas a todas as perguntas do seu coração em relação à sua vida e aos seus dias difíceis e sem explicação. Nada é por acaso, espero que você entenda realmente que ninguém é capaz de ser feliz longe de si mesmo. Ninguém consegue construir uma história bonita se não se der amor. Ninguém consegue amar outra pessoa se não entender o seu próprio coração e compreender que somos instrumentos daquilo que geramos em nós. Ninguém pode dizer que conhece a Deus sem saber o que é amor.

Sumário

Introdução **13**

15 fatos da vida que não podemos esquecer **15**

Um dia senti saudades de mim **17**

É preciso saber se amar **18**

Se conquiste todos os dias... **22**

Você pode todas as coisas... **25**

Aprenda a cuidar de alguém se cuidando **28**

Está na hora de você se olhar com mais respeito **30**

Não se anule para ser prioridade na vida de ninguém **34**

Escolha sempre os planos de Deus para sua vida **39**

O prazer de fazer aquilo de que se gosta nos torna mais donos de nós mesmos **44**

Nem todos os que estão do nosso lado estão com a gente **49**

Não permita que a ofensa te atinja **53**

Não acredite nos lábios mentirosos de quem não sabe nada da sua vida **57**

Organize os seus sentimentos **61**

Você tem valor **65**

Não se sinta inferior a ninguém **69**

Deus te fez único **74**

Ore por aqueles que falam mal da sua vida **77**

Você tem identidade própria **80**

Vença esse medo de ser diferente **83**

Conselho endereçado a alguém! **87**

Escritores Convidados **91**

Não deixe o amor faltar... — Irismar Oliveira **93**

A Beleza real — Cleônio Dourado **95**

Amor-próprio não é egoísmo — Tatisa Furtado **97**

Deus te conhece bem — Yla Fernandes **100**

Considerações finais **101**

Introdução

Antes de tudo, eu preciso te dizer algo muito importante:

Existe alguém que te ama mais do que qualquer outra pessoa, que é capaz de tudo só para ver um sorriso largo estampado em seu rosto e uma alegria desavisada florescer em seu coração.

Existe alguém que caminha com você 24 horas por dia, mesmo que você o ignore, o abandone ou não creia em sua existência.

Existe alguém que move céus e terras a seu favor, só para te ver bem e feliz, mesmo com todos os seus defeitos.

Existe alguém cuidando, acreditando e apostando em você, que te escolheu para fazer parte dos planos dele. De você ele não abre mão.

Esse alguém te deu fôlego de vida, um nome e oportunidades gigantescas que vão além de qualquer dor ou sofrimento.

Ele também te deu força, coragem, sabedoria e entendimento para viver a sua própria história, ainda que muitos desejem o seu fim.

Ele te deu amor incondicional só para te ensinar a se amar e a amar o seu próximo como você ama a si mesmo.

Você não está só, Deus está com você!

15 fatos da vida que não podemos esquecer

1. Sem Deus nada somos e nada podemos fazer.
2. Agradar a todos é impossível e cansativo.
3. Haverá sempre alguém insatisfeitíssimo com a gente.
4. Não somos de ferro, portanto parar e se cuidar se faz necessário.
5. Não somos obrigados a nada, mas somos responsáveis pelos nossos atos.
6. Não temos tempo para discussões infundadas e sem nexo.
7. Quem nos ama nos aceita como somos.
8. Amigos também nos decepcionam.
9. Nossa vida é preciosa e deve ser vivida cuidadosamente.
10. Só podemos amar o próximo se soubermos desfrutar do amor de Deus e aprendermos a amar a nós mesmos.
11. Só teremos sucesso se trabalharmos em nós a humildade e o respeito.
12. Temos limitações e precisamos respeitar isso.
13. Achismos alheios não acrescentam nada em nós.
14. A gratidão diária traz respostas extraordinárias para nós.
15. Quem se dá valor não se perde no descaso de ninguém.

Tudo o que você precisa nesse momento é de se cuidar. Não importa quem se foi, quem te deixou mal, quem não te respeitou ou quem te ofendeu e desvalorizou. O que você precisa, antes de qualquer outra coisa, é de se reconstruir e tentar não nutrir aquilo que covardemente veio para te ferir.

Um dia senti saudades de mim

Do meu sorriso, do meu olhar, do meu jeito de ser, da minha forma de pensar, do meu coração e do meu sentir. Olhei bem dentro da minha alma e percebi que eu não estava em mim. Então me dei conta de que as vezes em que eu não me encontrei foram exatamente aqueles momentos em que tentei agradar aos outros e me esqueci de mim. Decidi me cuidar. Às vezes, estamos tão ocupados com as nossas obrigações diárias, tão apegados ao que os outros vão pensar, tão preocupados com muitos problemas que nos esquecemos de cuidar do nosso coração e por esse motivo nos perdermos totalmente de nós.

É preciso saber se amar

O amor não se mistura com sentimentos ruins.

Quando aprendi o que é AMOR-PRÓPRIO de verdade, me libertei de certos sentimentos pesados e egoístas e comecei a entender de fato o que é afeto gratuito, o que é não depender daquilo que o outro me oferece para ser feliz, o que é não ser superior a ninguém.

Quando comecei a sentir esse amor por mim, a minha visão se abriu para muitas situações e comecei a compreender que o amor não nos torna orgulhosos, vingativos, arrogantes ou egoístas. Ele nos transforma, nos torna sensíveis a nós, mais cuidadosos com o que aceitamos para nós e oferecemos ao outro. O amor consegue nos moldar inexplicavelmente. Quanto mais o alimentamos em nós, mais fortes nos tornamos e mais envolvidos ficamos com tudo o que diz respeito a nós mesmos, assim como mais responsáveis com as nossas ações em relação a qualquer pessoa.

Passamos por grandes mudanças, a maioria delas surpreendentes e visíveis. Reforçamos a ideia de que somos especiais e importantes ainda que o outro não nos olhe da mesma maneira. Desejamos ser amados, mas não somos dependentes do amor de ninguém. Esperamos ser acolhidos, mas certos da existência do nosso próprio lar interior. Almejamos estar no centro do coração de alguém, mas sempre convictos de que já estamos no centro do coração de Deus.

O amor-próprio nos faz descobrir que somos livres e capazes. Sentir ódio, raiva e querer se superar só para provar a alguém que você consegue viver super bem ou que está por cima não são, nem nunca serão sintomas de amor-próprio.

Quando nós nos amamos de verdade, nos sentimos superiores ao que vem para nos ferir, e não às pessoas. Aprendemos a nos proteger daquilo que não nos faz bem, a abraçar a paz e a ser paz na vida dos outros também. O amor não nos ensina a afrontar ninguém.

> *O amor é paciente, o amor é bondoso. Não inveja, não se vangloria, não se orgulha. Não maltrata, não procura seus interesses, não se ira facilmente, não guarda rancor.*
> (1 Coríntios13:4-5)

Ele é sublime e nos faz bem. O nosso maior erro é pensar que é só o amor do outro que nos constrói e ficar na dependência, acreditando que, se ele não for recíproco aos nossos sentimentos, não sobreviveremos.

Isso acontece principalmente nos relacionamentos, quando aquele que deveria nos amar e cuidar de nós, por uma insatisfação ou por covardia, lança sobre nós a sua ira em forma de palavras ferinas na intenção de nos desestabilizar, ou tenta nos culpar por um erro que ele cometeu contra nós, para que assim possam dominar a situação e sair ilesos de seus atos.

O nosso coração precisa ser cuidado para que os sentimentos bons gerem em nós segurança de afeto, para que a nossa autoestima permaneça elevada através do melhor que fazemos por nós e pelos outros, mesmo que alguém, por algum motivo, tente nos convencer do contrário.

Você pode ser flor ou alvo na vida de alguém simplesmente por ser você.

Se for flor, amém, é sinal que esse alguém te acolhe e te aceita como você é. Mas, se for alvo, se prepare: ser gente de verdade, com essência e personalidade própria, incomoda e traz alguns desconfortos para alma também.

Eu só quero que você entenda que gostar de você mesmo é essencial. Se aceitar e não nutrir a ruindade alheia é uma responsabilidade sua.

Se conquiste todos os dias...

Eu te louvo porque me fizeste de modo especial e admirável. Tuas obras são maravilhosas! Disso tenho plena certeza.
(Salmos 139:14)

Somos a obra perfeita de Deus. E Ele nos fez de um modo muito especial. Somos ensinados que o amor com o outro se constrói diariamente, acontece da mesma maneira em um relacionamento consigo mesmo. Dia após dia temos por obrigação afetiva que nos cuidar, ser recíprocos conosco, nos doar respeito, carinho, nos presentear, nos arrumar de modo a chamar a nossa própria atenção e ter o prazer da nossa própria companhia. Não podemos nos ausentar de nós por outras ocupações ou para agradar outras pessoas. Não devemos nos trair, nos enganar, nos ferir ou nos auto sabotar.

Quando primeiro amamos a Deus com inteireza de coração, desfrutamos do amor que Ele nos dá sem impor condições e aprendemos que, para amar o nosso semelhante, precisamos trabalhar o amor divino em nós.

Aquele que não ama não conhece a Deus, porque ele é o próprio amor. (1 João 4:8).

Amar ao próximo como a ti mesmo, esse é um dos maiores mandamentos do Senhor, no qual Ele deixa claro que só podemos oferecer ao outro o que sentimos por nós. Todo o bem que você se oferece te fortalece também. Estando forte em amor, você estará pronto para oferecê-lo a quem quer que seja. Não se sobrecarregue e não permita que o mundo autodestrutivo de alguém te faça acreditar que você só poderá ser feliz se ele te permitir. Temos que viver o amor doador gerado em nós e não nos tornar dependentes afetivos de ninguém.

Uma leitora me disse que não conseguia se olhar no espelho, que se sentia maltratada pelo sofrimento e que, por não achar mais graça na vida, decidiu se isolar em seu próprio mundo. Afastou-se dos amigos e anulou-se por acreditar que não era bem quista por ninguém. Esse pensamento fez com que ela se mutilasse emocionalmente. Aos poucos ela foi se tornando uma pessoa fria, sem ânimo e sem sonhos. O que me impressiona é que muitas pessoas hoje em dia vivem dentro de suas bolhas internas, desencorajadas e desmotivadas por terem se decepcionado com alguém, por terem sido rejeitadas, ofendidas, criticadas e deixadas de lado.

Muitas pessoas estão desacreditadas de si mesmas por terem nutrido a amargura de outras através de palavras covardes e cheias de inverdades, através de críticas alheias ou por terem guardado em sua bagagem um passado ruim. Eu aprendi a olhar para dentro de mim mesma, a abraçar as minhas qualidades como fontes de energia boa para mim e a olhar para os meus defeitos como um lembrete de que sou humana e de que posso melhorar muita coisa em mim por minha vontade de ser melhor, e não porque alguém se incomoda com o meu jeito de ser.

    Aprendi a quebrar alguns padrões invasivos que tentam dominar os nossos pensamentos a ponto de nos fazer sentir pena de nós mesmos. E assumi a minha filiação: sou filha do Deus Altíssimo e fui feita à imagem e semelhança d'Ele.

    Eu não aceito que outra pessoa me defina pela aparência com a intenção de me mudar, porque a minha vida está além do que ela vê e o meu valor está acima de qualquer dedo apontado. Se você tem o hábito de só se sentir bem quando alguém te elogia, ou de só fazer algo de bom por você e para você pela aprovação de alguém, eu te aconselho a se posicionar e a rever os seus conceitos em relação à sua própria vida. A sua importância tem muito a ver com o seu cuidado próprio.

    O inimigo da sua alma é o diabo e quem tenta brincar com a sua alegria é ele. Mas independente do que ele faça e de quem ele use para te destruir por dentro e te tirar de cena, Deus já tomou posse da sua vida e se responsabilizou por você. Ele se comprometeu a te fortalecer com a alegria que vem d'Ele, a te fazer entender que você é muito amada(o) por Ele e muito importante para Ele também. Quanto mais você se encher da presença d'Ele em sua vida, mais amado você se sentirá, mais apto a compreender o vazio dos outros também.

    O salmista O louvava por se sentir uma obra perfeita, ele tinha plena consciência de que o que Deus faz é maravilhoso, e isso inclui você.

Você pode todas as coisas...

Creio nesse tempo que muitos dizem ser demorado. Também creio na justiça e no cuidado de Deus, que muitos por aí dizem não existir. Creio em dias vitoriosos e acredito fielmente nos milagres do porvir. Sou uma admiradora incrível de corações que não desistem por qualquer adversidade, também sou de aplaudir de pé aqueles que, mesmo em seus dias difíceis, conseguem exercer a sua fé.

Carrego no peito uma esperança grandiosa e bordei em minha alma a seguinte promessa:

> "Posso todas as coisas naquele que me fortalece". (Filipenses 4:13).

Aprendi com as quedas repentinas que às vezes é necessário conhecermos o chão, sentirmos o pó nos cobrindo da cabeça aos pés para nos lembrar de onde viemos e de quem precisamos um dia para chegar exatamente aonde chegamos.

Certas situações, por mais que nos machuquem ou nos arranquem algumas lágrimas, acontecem para nos mudar de alguma forma. Eu, como boa aluna, tenho me permitido viver essas mudanças, que por sua vez têm me feito mais humana, mais adulta, mais cuidadosa comigo, mais humilde e mais valorosa também. Ultimamente o sim e o não têm sido minhas palavras de ordem. Não me obrigo mais a ter que me ferir, me anular, me calar só para agradar outro alguém que não sabe nem o lugar do respeito, que dirá o lugar do merecimento, se é que você gentilmente me entende!

Amo a todos, ou melhor, trabalho o amor em mim todos os dias. Perdoo quantas vezes forem necessárias, isso é coisa de Deus! Só não forço a presença. Acredito que gente de verdade não causa intrigas nem vive de concorrência. Gente de verdade vive bem e espalha o seu melhor sem exigir nada em troca, apenas colhe o que planta e não sabota a alegria de ninguém.

Esse viver bem de que falo é você não se envolver com aquilo que sabote a sua própria paz.

Já vi gente desfazer laços bonitos por mexericos alheios e se arrepender do mal que fez contra si mesmo por não ter ido ao encontro da verdade, preferindo dar ouvidos a fofocas, coisa que todos sabemos que são sintomas de egos inflamados e tristes.

Já vi muita gente perder a essência, se distanciar dos propósitos de Deus para sua vida, se deixar levar pelo impulso, pela falta de sabedoria e viver por aí como um zé-ninguém, sem personalidade, sem sonhos, sem realizações, sem amigos, sem nada por dentro, só frustrações.

Já vi muita gente desistir de si mesmo por querer abraçar o mundo com as mãos e não conseguir se levantar por carregar tanto peso desnecessário, acarretado pela falta de cuidado consigo mesmo, por não se conscientizar das suas limitações e por querer resolver tudo para todos sem nem sequer perceber que suas feridas estão expostas e que precisam urgentemente de serem tratadas.

Você está no seu limite e quando chegamos nesse estágio o melhor a fazer é sair de cena e deixar Deus trabalhar da maneira d'Ele. Ao invés de rastejar ou implorar o cuidado, o respeito, a atenção ou o amor de alguém. É melhor deixar o Senhor assumir a situação do que agir impulsivamente e perder o controle dela.

Aprenda a cuidar de alguém se cuidando

A minha melhor versão é aquela que não me deixa fugir da minha realidade. Isso eu descobri com Deus, quando muitas vezes romantizei a minha vida e me decepcionei.

Descobri que estar com os pés no chão e reconhecer os meus valores, independente do que o outro me ofereça, é fundamental. Também entendi que ninguém pode comandar os meus sentimentos a não ser que eu permita também.

Descobri em mim uma força que até então não sabia que eu tinha, entendi o quanto era necessário caminhar de olhos abertos, com uma visão mais nítida em cima daquilo que eu realmente desejava possuir.

Sabe Deus o quanto pelejamos sozinhos, quantas dores suportamos nessa estrada que escolhemos quando o nosso coração deseja crescer, ficar bem e ser feliz. Nem tudo nós contamos, até mesmo para não preocuparmos quem amamos, mas a vida não é fácil para ninguém e isso direi repetidas vezes.

É por esse motivo que venho a você com um simples conselho: antes de querer cuidar de alguém, cuide da sua casa interior primeiro. Tire os entulhos, faça mudanças, abra espaços, coloque coisas novas, se reconstrua para que o porvir chamado milagre inesperado se sinta confortável dentro de você.

Jamais se ignore porque alguém lhe disse palavras ofensivas e duras. Jamais permita que a insatisfação de alguém te atinja a ponto de te roubar a alegria de algo que você tem conquistado com muita dedicação. Não olhe para o problema que você enfrenta hoje, seja ele qual for, como um grande obstáculo, mas como uma preparação do Senhor para novos voos.

Você tem valor. Você é tão importante para Deus que Ele, por amor, entregou o seu único filho à morte, para que a alegria da salvação estivesse com você, e o ressuscitou ao terceiro dia para te mostrar que ninguém pode vencê-lo, ou impedi-lo de guerrear pela sua causa. Você é protegido, tem talento e habilidade, pode passar por qualquer adversidade de cabeça erguida e de pé. Supere-se. Não se dê por vencido diante de uma batalha que é só sua, se dê uma chance e acredite mais em você.

Quando você depende dos outros para comandar a sua vida, é sinal de que o seu poder de decisão foi furtado. Quando isso acontece, ficamos presos à vontade alheia. Mas quando nos colocamos na dependência do Senhor, a vida da gente muda totalmente.

Muda pelas nossas atitudes e pela transformação que permitimos em nós. Se dar valor é se presentear com a autoaceitação. Quem se aceita verdadeiramente não se coloca como opção na vida de ninguém, ainda que as circunstâncias o convidem a isso.

Está na hora de você se olhar com mais respeito

Não tem como você se reconstruir se não souber eliminar a parte amarga da sua história. Não tem como você recomeçar se você não se permitir seguir levando só o necessário na bagagem, se você não se dispuser a olhar só para o que está adiante, se você não perdoar, e se perdoar de verdade, se você não souber proteger o seu coração e se deixar ser curado das feridas velhas, de mágoas antigas, de coisas ruins que te aconteceram. É impossível você viver uma nova história se a sua alma estiver apegada ao passado.

Realmente, não tem como você ficar de pé se ficar se lamentando pelos "nãos" que a vida e as pessoas que já tiveram a sua total confiança te deram. Se você quer que Deus trabalhe fielmente em sua causa, e se você anseia por mudança, então está na hora de você se permitir e não ficar dando ouvidos a quem não acredita ou não faz questão alguma de te ver bem e feliz. Está na hora de você se olhar com mais respeito e não se dobrar diante do sofrimento que te aperta a alma, está na hora de você ser mais valente do que as suas próprias vontades e reagir.

Eu não sei em qual momento da sua vida você caiu, nem o porquê das suas desistências, mas posso te afirmar que essa volta por cima de que todo mundo fala é verdadeira, e que só acontece quando optamos por abraçá-la, quando tiramos os nossos olhos das circunstâncias e fixamos em Deus. Bartimeu, por ser cego, vivia à beira do caminho mendigando e sendo humilhado pelos outros, mas quando soube que Jesus passava, lhe clamou mesmo com uma multidão mandando que calasse a boca. Jesus parou, o chamou e lhe deu a oportunidade de pedir o que quisesse.

> *E, ouvindo que era Jesus de Nazaré, começou a clamar, e a dizer: Jesus, filho de Davi, tem misericórdia de mim. E muitos o repreendiam, para que se calasse; mas ele clamava cada vez mais: Filho de Davi! Tem misericórdia de mim, e Jesus, parando, disse que o chamassem; e chamaram o cego, dizendo-lhe: Tem bom ânimo; levanta-te, que ele te chama. E ele, lançando de si a sua capa, levantou-se, e foi ter com Jesus.*
> (Marcos 10:47-50)

Naquele momento, ele lançou para o lado a capa que carregava, se levantou e foi até Jesus. Sabe o que ele pediu? Que voltasse a ver, e assim o Senhor fez. Observe: Ele primeiro tirou a capa que carregava há anos, o peso que o acompanhava pela vida e o definia como o mendigo da beira do caminho; depois ele se levantou. Ou seja, aquele homem, que só vivia prostrado atrás de farelos, implorando por ajuda, foi até Jesus, o qual lhe concedeu o que desejava o seu coração.

Quando tiramos a capa do passado e reagimos diante de uma situação que nos domina, nos maltrata, nos aprisiona na humilhação e vergonha, somos convidados por Deus a viver o novo que Ele nos prepara. Enquanto aquele homem foi cego, ele estava sem rumo, sem honra, sem amigos, sem família e sem prosperidade. Quando ele se permitiu e exerceu a sua fé, algo novo lhe aconteceu.

Por estar sentado à beira do caminho, Bartimeu perdeu parte da sua vida tentando chamar a atenção dos outros. Enquanto ele se apoiou na cegueira, assumindo uma condição de incapaz, ele foi rejeitado por muitos. A capa que ele carregava acreditando ser a sua proteção o aprisionou por anos na solidão, no abandono, na falta de coragem, na falta de fé e na autocomiseração.

Você já deve ter ouvido falar por aí que quem vive de passado é museu. Eu te afirmo que, se você está vivo, é porque conseguiu se vencer no passado. Lembranças ruins não devem fazer parte do nosso presente. Precisamos construir memórias boas, e isso só é possível quando decidimos nos levantar e tirar dos nossos ombros tudo o que não foi bom para nós, para vivermos o que realmente nos importa.

Há situações em nossa vida que exigem de nós responsabilidade com os nossos sentimentos e com o nosso coração. Para isso precisamos nos proteger de mágoas e ressentimentos.

Não se anule para ser prioridade na vida de ninguém

Você deu um passo grande em sua vida, conquistou algo que foi tão difícil, passou por tanta coisa que só Deus, a sua família e os seus amigos mais chegados sabem dizer e, infelizmente, nem todos ficaram felizes por você. Paciência! Não se entristeça! A vida é isso aí, alguns torcem pela gente, outros não. O bacana nisso tudo é que você conseguiu vencer sem tirar nada de ninguém. Você é uma pessoa abençoada e privilegiada por Deus. E Ele tem cuidado MUITO BEM de você. Basta.

De uns anos para cá, tenho me respeitado mais e feito mudanças radicais em minha vida. Tenho ajeitado a fila, tirado os excessos, me organizado em sentimentos e priorizado aquilo que realmente é significativo para mim, que me edifica e que não me tira do caminho que tenho escolhido trilhar. Acima de tudo e de todos coloquei Deus, e a cada dia que passa me sinto mais adulta e menos ingênua em muitas decisões precisas que tenho tomado. Hoje, com essa visão de valor próprio que fui adquirindo ao longo dos anos, através de algumas experiências árduas, posso te afirmar com toda a certeza que há em meu coração que maturidade não chega com a idade, mas com a nossa permissão e com força de vontade, com a nossa forma de lidar com cada situação sem perder a nossa essência e a nossa autoestima, entende? Ninguém muda por capricho ou vaidade, não acredito nisso. Há sempre uma razão gritando dentro da gente que algo não está nos fazendo bem e que precisamos urgentemente de construir em nós um ambiente novo que nos permita respirar e voltar a sentir, viver, nos amar e nos valorizar mais do que tudo. Esse relato todo que fiz foi só para te dizer que a sua história continua e que nela o principal personagem é você. Deus te fez com detalhes maravilhosos, com uma sabedoria extraordinária, com possibilidades de avançar e crescer sem ser dependente daquilo que os outros vão achar ou não a seu respeito.

Você só recebe do outro aquilo que você doa para si mesmo. Se sentir bem e se cuidar é uma obrigação sua, não dos outros. Compreenda-se, cuide-se, envolva-se mais com você, descubra-se em valores, não saia por aí se culpando por algo que não deu, nem permita que os outros te culpem por isso, principalmente quando se trata de relacionamentos amorosos ou amizades.

Aprenda o valor do sim e a sensação maravilhosa que sentimos quando necessariamente precisamos dizer não. Torço para que você se olhe com mais cuidado e proteja os seus pensamentos e o seu coração daquilo que não é proveitoso para você, incluindo ofensas e críticas maliciosas dos outros. Se não for pedir muito, se afaste de quem se distancia dos seus sentimentos, priorizando apenas aquilo que você pode oferecer.

Para finalizar, SE RESPEITE e não se anule para ser prioridade de ninguém. Espaço forçado fere a alma. Quanto mais você se diminui para se encaixar em ambientes que não te dão o espaço de que você precisa, mais você se machuca, e ferido você não se sobressai em nada na vida. Ser você e se deliciar no melhor que Deus te entrega todos os dias é a mais sensata forma de viver bem e de poder fazer bem a alguém também.

Ninguém pode amar alguém sem se amar. Estar bem consigo mesmo, entender suas limitações e valores, saber o quanto você é importante para Deus e para todos aqueles que realmente te aceitam como você é, são condutas primordiais para ter uma vida saudável e um relacionamento saudável também.

Quando você se perde de você mesmo, você cria um vínculo com a frustração. Todas as vezes que te decepcionarem os seus pensamentos serão de derrota, como, por exemplo: sou culpada(o) pelas minhas imperfeições, eu não sou importante, eu não tenho forças, estrago tudo, eu não consigo me reerguer, eu não vivo sem ele(a), eu não confio em mais ninguém.Com isso, o seu amor-próprio adormece no descaso-próprio. Você começa a acreditar no mal dos outros, naquilo de ruim que lançam sobre você através de suas insatisfações e diferenças, e desprotege o seu coração, permitindo que lixos afetivos se acumulem onde deveria ser morada apenas do Espírito Santo de Deus.

Uma amiga me disse certa vez que estava desanimada com a vida, que o seu relacionamento estava se tornando pior devido ao seu ciúme incontrolável gerado pela incompreensão do seu esposo, que muitas vezes a fez se sentir a pior pessoa do mundo por lhe apontar seus inúmeros defeitos. Nessa conversa muito necessária eu disse a ela aquela conhecida frase de todos nós: ninguém pode dar aquilo que não tem. Também disse que, quando temos certeza do quanto somos interessantes, nada do que vem contra nós nos abala ou nos anula. Se o seu corpo é templo e morada do Espírito Santo de Deus, tudo em você é maravilhoso, o seu corpo, o seu interior, os seus sentimentos e até a sua forma de agir e de reagir diante do que vem para te desequilibrar emocionalmente. Você consegue se defender do efeito de uma palavra maldita e paralisar a ação dela através da sua não aceitação particular.

Quando você aprende isso e entende que o valor do outro não é superior ao seu próprio valor, você se supera. Quando você se reconhece diante da vida e começa a se cuidar mais, deixando de lado tudo o que te fere ou diminui, a sua vida melhora e a sua autoestima se eleva. Você precisa se cuidar. Ninguém é pouco ou muito para ninguém. Somos a medida certa no coração de quem nos quer bem, de quem nos admira também. Isso ninguém pode mudar. Se ame, se dê valor, se olhe com mais maturidade e se dê o devido respeito. Você precisa de si.

Não se preocupe, Deus sabe de todas as coisas, desde nossos dias mais difíceis, até o intimo do nosso CORAÇÃO.

Escolha sempre os planos de Deus para sua vida

Quando algo dá errado na vida da gente, é fácil para o outro dizer: Deus te deu livramento, agradeça a Ele, foi resposta. Mas só nós sabemos que, até entendermos os planos d'Ele para nós e o porquê de tudo, a gente sofre um bocado, bate a porta e dispensa todas as opiniões possíveis. A gente chora até fazer o coração flutuar e tomar uma nova direção que não seja o sofrimento, o ressentimento, a culpa ou a vontade de não viver mais.

Passamos pelo processo da dor que dilacera e nos escondemos no luto aguardando aquele "vai passar" que todo mundo diz. Não, não é fácil mesmo ver um sonho nosso desfeito, principalmente quando criamos inúmeras expectativas sobre ele, ver a nossa vida pelo lado avesso e ter que aceitar que não deu. Já senti na pele, já vivi essa experiência que, além de doída, é também constrangedora e humilhante para a gente. O que menos queremos é a piedade dos outros, o que mais queremos são respostas. Descobrir a exata vontade de Deus para a nossa vida e aceitá-la sem saber o que nos espera pela frente não é tão fácil assim, mas não podemos nos esquecer de que o que Ele tem para nós é melhor e maior, além de preciso.

Noé era um homem que andava com Deus em um mundo onde a maldade humana se multiplicava. Por esse motivo, foi poupado da destruição que viria, foi instruído a construir uma arca e a se abrigar nela com toda a sua família e com alguns animais até que o dilúvio passasse.

> *E disse o Senhor: Destruirei o homem que criei de sobre a face da terra, desde o homem até ao animal, até ao réptil, e até à ave dos céus; porque me arrependo de os haver feito. Noé, porém, achou graça aos olhos do Senhor.* (Gênesis 6:7-8)

> *Então disse Deus a Noé: O fim de toda a carne é vindo perante a minha face; porque a terra está cheia de violência; e eis que os desfarei com a terra. Faze para ti uma arca da madeira de gofer; farás compartimentos na arca e a betumarás por dentro e por fora com betume.* (Gênesis 6:13-14)

E assim ele fez. Imagino o quanto foi difícil para ele ter que se manter dentro daquela arca por longos meses, mas havia um propósito nisso tudo. Quando, por ordem do Senhor, ele saiu da arca, aquele mundo de antes havia sido totalmente destruído e ele tinha toda a terra para começar de novo. Às vezes, quase sempre, somos levados a renunciar a um mundo que construímos para recebermos o que esta acima dele, que é extraordinário e inesperado. Os nossos planos são lindos, mas os de Deus para nós não têm só beleza, têm vida, têm essência e superam os nossos.

"Ele sabe o que faz!" Essa é uma das repetidas afirmações que faço em meus textos e na minha vida diária. Seja em tempos bons ou ruins, sei que em tudo há um propósito e que não importa o quanto eu tenha que chorar, lutar, batalhar, não importa quantas milhas eu tenha que caminhar, sei que o que Ele faz é perfeito, assim como o tempo d'Ele para cada acontecimento.

Já reclamei muito, já bati a porta do quarto muitas vezes por acreditar que Ele não seria comigo, já falei o que não devia por pensar que Ele havia me abandonado, e no seu silêncio Ele trabalhava a meu favor, mas isso eu só fui entender quando percebi os livramentos e as inúmeras bênçãos inesperadas que recebi, que a propósito, sim, eram muito além do que pensei ou imaginei. Não é fácil esperar, como também não é fácil crer que algo grande irá acontecer em nossa vida quando aos nossos olhos tudo está descendo ladeira abaixo, quando ao nosso redor tem aquele tanto de gente negativa torcendo contra, quando à nossa frente há aqueles muros altos chamados medo, insegurança, desespero e aflição.

Mas posso te afirmar, mais uma vez, que Ele sabe o que faz e entende o limite da nossa força. Eu passaria horas te contando os tamanhos milagres que já vivi e presenciei, mas nada fará sentido se em seu coração houver dúvidas e se o seu pensamento estiver voltado para as circunstâncias. Não existe vitória se não houver uma história bacana para contar.

Esperar dói, às vezes cansa também, mas o que vem após isso supera todas as nossas expectativas pela força com que nos constrói por dentro. É como a mulher que, após nove meses, passa por aquelas dores intensas do parto e segundos depois dá aquele sorriso em lágrimas, com o seu filho nos braços, e ainda diz: NÃO HÁ ALEGRIA MAIOR do que ser mãe.

Há desejos nossos que, por mais difíceis ou impossíveis que pareçam ser, se forem da vontade do Senhor para nós, não importa quanto tempo levem, nem quem atravesse o nosso caminho, a gente só precisa lutar, ter fé e acreditar que na hora certa se concretizarão, da maneira mais surpreendente que se possa imaginar.

Ninguém é pouco ou muito para ninguém. Somos a medida certa no coração de quem nos aceita, ama e respeita. E quer saber? Fica quem gosta, abraça quem sente e cuida da gente quem realmente se importa.

O prazer de fazer aquilo de que se gosta nos torna mais donos de nós mesmos

Tudo o que nos deixa livre se realizados nos completa. Aprendi isso me dando uma chance de ser eu mesma, permitindo que todas as minhas ideias, sonhos e vontades fossem expostos através daquilo que gosto de fazer: escrever e ajudar as pessoas, além de outros afazeres que me deixam com a sensação de dever cumprido. Descobri-me e desenvolvi em mim a arte de não querer saber o que os outros acham a meu respeito. Não me interpretem mal, por favor, mas tem certas decisões que são só nossas e que têm a ver com tudo o que construímos em nós ao longo dos anos, mas que muitas vezes abortamos pelo achismo de alguém.

A liberdade de ir e vir é um direito que nos foi dado por Deus. Cada escolha boa que fazemos nos motiva e nos enriquece a alma. Não podemos nos comparar aos outros, nem deixar que os outros nos cobrem perfeição. Não devemos duvidar do nosso potencial, nem nos sentir inseguros ou inferiores a ninguém por nada. Amar-nos acima de qualquer opinião contrária em relação a nós nos torna mais fortes e protegidos.

Por esses motivos, selecionei quatro verdades que você precisa entender.

1. A vida é sua, não dos outros:
Estou te afirmando que você possui o poder de decisão em suas mãos. São as suas escolhas que definem quem você é, são as suas atitudes que te revelam aos outros. É por isso que as más informações, a fofoca e as conversas fiadas a seu respeito não têm força alguma se você gentilmente aprender o quanto o seu tempo é precioso, o quanto é importante você se aproveitar, se cuidar e se importar mais com aquilo que realmente irá fazer você se sentir bem, com aquilo que te fará crescer em todas as áreas de sua vida. Às vezes o nosso foco está na mente alheia e só caminhamos segundo o pensar alheio. Esperamos de outros o sim e o não e não nos damos conta de que as coisas estão acontecendo para eles e se atrasando para nós.

2. Você nasceu para fazer a diferença, não para agradar a todos:
É cansativo forçar o outro a nos aceitar, até mesmo porque temos nossas particularidades e isso não nos faz menores ou piores do que ninguém, isso nos faz grandes. Quem fica atirando para todos os lados afim de ser abraçado por todos da mesma maneira irá se ferir muito. Quem não consegue ter personalidade não sonha, isso eu te garanto. E quem não sonha vive uma vida vazia. Viver em função de ganhar a atenção de todos é frustrante e não faz bem para ninguém. Gente que tem alma bonita e bom caráter não se disfarça, pelo contrário, tem prazer de se apresentar sem cerimônias, fica do lado quem gostar. Nem Deus, que é todo-poderoso e perfeito, conseguiu agradar a todos. Imagine então nós, meros mortais, cheios de falhas.

3. Foi Deus que te fez:

E Ele te amou primeiro, antes mesmo da sua mãe saber da sua existência em seu ventre. É por essa razão que não podemos, em hipótese alguma, nos sentir rejeitados ou abandonados, ainda que alguém não nos ame. A partir do momento em que você se coloca aos cuidados d'Ele, Ele assume a sua vida e se responsabiliza por tudo que é seu. Mesmo que os ventos contrários soprem forte, Ele vai sempre estar à frente das suas batalhas, pelejando com você e te preparando para novos voos. Deus não abandona seus filhos. Quando protege, Ele também capacita e livra de todo o mal, ainda que esse mal seja invisível para nós:

4. Se gostar faz parte

Não adianta você querer fazer o bem a alguém se não se sentir bem consigo mesmo. Isso só é possível quando você aprende a se observar mais e a entender que você também tem sonhos, vontades, estilo, temperamento e modo de viver; quando você conhece as suas limitações, entende os seus cansaços e compreende quando é hora de parar ou seguir; quando você se descobre e entende que a forma como você vê a vida, as pessoas e o mundo à sua volta também é diferente da forma como muitos o fazem.

Ser livre de alma é muito bom, saber se decidir em relação a si mesmo é melhor ainda. Tenha paz com todos, mas não permita que os outros façam escolhas por você. Isso é uma responsabilidade sua, quem responde pelos seus atos é você.

Quando gostamos muito de uma pessoa, é claro que a nossa intenção é fazer o melhor para ela, fazer com que ela se sinta bem. O nosso prazer é vê-la feliz, realizada e avançando. Torcemos por quem amamos, e isso se aplica a nós também. Se nos amamos, devemos nos fazer felizes e torcer por nós mesmos. O amor, acompanhado de responsabilidades, nos ensina o valor do cuidado próprio e a importância de sermos cautelosos com os nossos sentimentos e com a nossa forma de viver.

Alguns vão com você até o fim, outros vão te abandonar no caminho... Mas não entristeça seu coração e nem os culpe por tamanha covardia. Há pessoas que Deus coloca do nosso lado, outras, Ele tira.

Nem todos os que estão do nosso lado estão com a gente

Nessa vida, eu só conto com quem realmente posso contar e não espero nada de quem nada tem para me doar.

Aprendi com tantos tombos que tive a não expor o meu coração, a minha vida, os meus planos e sonhos para todos, a não espalhar os meus fracassos e tristezas, a não me colocar no centro das atenções como vítima ou como uma pessoa que precisa urgentemente de piedade para se sentir forte e cuidada, a não culpar a todos por um erro que cometi ou por um erro que cometeram comigo. Isso me livrou de muitos danos emocionais e me ensinou que eu poderia escolher novos caminhos que não tirassem de mim o desejo de crescer, nem essa vontade tamanha de ser uma pessoa melhor.

Enfim, aprendi a ser seletiva e prudente. É claro que tenho os meus contatos mais chegados, que realmente me abraçam quando eu preciso, mas não sou de multidão. Isso não é egocentrismo, é proteção gerada através de muitas decepções superadas. Isso também não quer dizer que não devemos confiar em ninguém, ou nos ilhar, quer dizer apenas que há aqueles que estão do nosso lado para o que der e vier, e há aqueles que estão só de passagem, que merecem todo o nosso amor e respeito, mas não jogam no mesmo time que a gente, não torcem por nós, não são confiáveis.

Sou humana, assim como você tenho problemas, coisas mal resolvidas, desacertos, dias difíceis e pessoas difíceis ao meu redor também. Encaro minhas guerras internas, faço valer o cuidado do Senhor com a minha vida, conto com quem realmente posso contar, e não espero nada de quem nada tem para me doar. Não fico pelos cantos forçando a atenção ou ferindo os outros por suas fraquezas. Quem cria expectativas se torna mãe da frustração. Tudo é uma questão de escolha, e escolho me cuidar e proteger o meu coração do que não faz bem a ele.

Dei essa volta toda só para te dizer que a vida da gente é uma roda gigante sim, dá muitas voltas, faz muitas paradas, balança a gente de um lado para o outro, mas não se esqueça: ela sempre nos coloca no mesmo lugar, mas com novas experiências, de um jeito totalmente diferente do que muitos imaginaram quando nos viram embarcar. Não tenho medo de seguir. Tenho fé em Deus, e quer saber? Admiro demais essa mulher que me tornei, ou melhor, que Ele me tornou.

Tudo o que Jesus fez foi ensinar, curar, amar e perdoar. Ao lado d'Ele estavam alguns discípulos que, mesmo O conhecendo tão bem e ouvindo da boca d'Ele que a Sua alma se encontrava triste, dormiram quando Ele mais precisou de alguém que orasse e vigiasse com Ele, sem nos esquecermos de Judas, que O traiu, e de Pedro, que O negou no caminho.

Alguns vão dizer que tudo foi necessário. Sim, concordo, mas em se tratando de vida, a palavra d'Ele, que é viva e eficaz, deixa claro para nós que, por mais cercados de amigos que estejamos, por mais envolvidos e amados, nem sempre poderemos contar com todos, nem sempre teremos o amor, o apoio, a companhia, o respeito, a compreensão de todos. Há amigos mais chegados que irmãos.

Há aqueles para quem a gente nem precisa dizer nada, o nosso coração grita e ele ouve a milhas de distância, mas há aqueles que estão todos os dias com a gente e que, na hora da dificuldade, do aperto, do querer alguém só para encostar-se sobre o ombro e descansar das dores, se fazem de desentendidos ou se ocupam com as suas obrigações pessoais. Eu não os julgo por isso. Na verdade, acredito muito no socorro de Deus em forma de pessoas preparadas também, e creio que às vezes a gente rema sozinho e tenta vencer as tempestades contando só com Ele e mais ninguém.

O que quero dizer a você é que certas lutas são necessárias e que, ao invés de culparmos o mundo por nossas inquietações, ao invés de alimentarmos demais aquela decepção gerada pelo abandono de alguns, ao invés de nos sufocarmos por quem não estendeu a mão para a gente, que dobremos os nossos joelhos e oremos por nós, e por eles também. Que saibamos perdoar e seguir crendo que para tudo há um propósito! Sinto muito que aquele amigo em quem você tanto confiava não tenha sido legal com você, mas sinto mais ainda por você, que decidiu focar mais no vacilo dele do que na ferida que os problemas da vida te causaram e que precisam urgentemente de cura. Se fortaleça em Deus e continue. Sozinho a gente nunca fica.

Revidar uma ofensa não te faz mais forte do que quem te ofende, pelo contrário, te impede de fazer algo melhor para você mesmo, te furta a paciência e a tolerância, te rouba o respeito e não acrescenta nada em sua vida.

Não permita que a ofensa te atinja

Tudo o que te afeta, te para. Tudo o que consegue te desestabilizar emocionalmente, também consegue tirar a sua força. Tudo o que tira a sua atenção do que realmente é importante para a sua vida, rouba os seus sonhos e te impede de ser quem você realmente é.

A ofensa mais doída é aquela que parte das pessoas que você ama e que são do seu convívio. Você não imagina que elas irão te julgar ou prejudicar por não poder agradá-las em alguma questão, você não está preparada(o) para ouvir insultos da sua boca por não concordarem com suas escolhas. As pessoas confundem muito a tal sinceridade com a ignorância e se acham no direito de ferir o outro por suas próprias razões, como se as suas verdades fossem superiores às dos outros.

Respeito é bom, é coisa de gente honesta, de bom caráter, que sabe exatamente a hora de falar e calar, que não tem meio-termo, mas que preserva o seu equilíbrio emocional e respeita o limite dos outros. Infelizmente, nós só temos o controle das nossas ações, por esse motivo precisamos aprender a lidar com a ofensa sem permitir que ela faça estragos em nós a ponto de afetar a nossa autoestima, o nosso comportamento, o nosso emocional e, principalmente, a nossa comunhão com Deus.

O seu ofensor é um grande jogador e tenta te fazer cair no seu laço tocando naquilo que mais te provoca, tentando te aprisionar em suas palavras e ações. É destemperado, maldoso, cheio de si e totalmente carregado de certezas falsas. Não se medem forças com quem só tem veneno na alma, não dá para debater com quem já está acostumado a bater o pé no chão em que pisa e a pensar que o terreno é só dele, não dá para você sair do salto com uma pessoa que está doente afetivamente e que não consegue entender que as suas atitudes impensadas e arrogantes é que estão infeccionando a sua alma.

Algumas pessoas são dominadas por suas insatisfações e, por esse motivo, perdem o controle sobre suas ações, ferindo de uma forma covarde e talvez até inconsciente quem sempre esteve ao seu lado.

Portanto, revidar não compensa, brigar com alguém que está fora da sua realidade não nos edifica em nada, a gente tem é que colocar a cabeça no lugar, respirar fundo, contar até mil e pedir a Deusa sabedoria, a força e a paciência para não nos perdermos diante de quem não consegue se encontrar.

Como muitos dizem por aí, a vida é uma roda gigante. Eu até concordo, mas tolo é aquele que se permite ficar girando em busca de um lugar, repetindo os mesmos passos, com ódio no coração. Temos mais é que caminhar em direção ao que vale a pena, orar por aqueles que nos perseguem e deixar para lá. A justiça certa vem do Senhor, e a nós cabe apenas perdoá-los. Viver bem, que mal tem. Sentimentos bons e saudáveis trazem bons retornos para nós.

É fato que temos os nossos dias difíceis, que não somos perfeitos, que às vezes erramos e que nem sempre estamos de bom humor, mas não podemos de maneira alguma culpar os outros pelos nossos desacertos, nem permitir que a amargura que o outro carrega nos tire da direção, do foco, daquilo que realmente somos e podemos ser e fazer se a nossa fé for maior que a fraqueza de quem não consegue se dominar quando a vontade de magoar pessoas é maior que a sua capacidade de compreensão.

Há aqueles que se permitem aprender com as adversidades, que se tornam mais fortes, maduros e corajosos. Outros ficam amargos. Recusam-se a ser curados, se ferem com as próprias atitudes e tentam atingir a quem sempre esteve do seu lado. Por mais que a gente queira, não podemos mudá-los, não temos este poder. Por essa razão precisamos nos cuidar, proteger o nosso coração de todo e qualquer sentimento capaz de enfraquecê-lo e seguir sem levarmos, em nossa bagagem, venenos afetivos.

Quem destrata o seu próximo, se colocando em uma posição superior, maltrata a si mesmo. Repito: perdoe e aprenda a se manter de pé diante daqueles que, aos seus próprios olhos, te veem como ninguém. Afinal, é Deus que nos exalta, é Ele que nos torna alguém, é Ele que nos justifica quando alguém tenta nos matar alma adentro, é d'Ele que dependemos e é pela vontade d'Ele que crescemos. Supere-se!

Não é necessário você provar ao mundo a bondade do seu coração ou as gentilezas que há em sua alma, Deus já te apresenta para as pessoas certas, as erradas dificilmente conseguirão se manter ao seu lado.

Não acredite nos lábios mentirosos de quem não sabe nada da sua vida

O lábio da verdade permanece para sempre, mas a língua da falsidade, dura por um só momento. (Provérbios 12:19).

Sabe quantas oportunidades você está perdendo por acreditar naquilo que pensam do seu cabelo, da sua roupa, da sua cor, do seu corpo, do seu dedo mindinho, do seu nariz, dos seus olhos, do seu jeito de andar e de falar, do bairro em que você mora, da vida simples que você leva e de tudo que envolve você? Várias. E o pior é que você está acreditando nos lábios mentirosos de quem não sabe nada da sua vida, de quem, por se achar superior a você, te faz se sentir para baixo e cheia(o) de defeitos desenhados pela imaginação dele, e não pela sua realidade.

Sabe aquela perseguição interna que você anda sofrendo por aí? Sim, aquela em que você imagina que todos estão olhando para os seus defeitos, aquela que te faz pensar que você não vai conseguir nada na vida por ser a pessoa mais feia do universo e por ter certas limitações. Pois é, ela está te tirando o prazer de viver o melhor da vida, de se relacionar com pessoas interessantes, de realizar sonhos e avançar. Psiu! Na outra esquina sempre vai ter alguém te apontando dedos, na outra rua sempre vai ter alguém para jogar areia no caminho que você pisa, logo ali na frente vai ter sempre alguém desagradável tentando minar a sua fé, o seu sonho, a sua esperança, a sua autoestima.

Isso acontece com todos, você não é a única pessoa a passar por essas provocações vindas de quem não consegue dar um passo para a frente. Ou seja, você é igual a todos, tem a mesma possibilidade grandiosa de vida também, e o que te difere de alguns é a sua capacidade de se superar do mal que te lançam e avançar. As afrontas virão, precisamos guardar o nosso coração de tudo que o adoece.

Ele fica em um lado ESPECIAL do nosso peito e não debaixo dos nossos pés, ele é morada de Deus em nossa vida e não abrigo de lixos emocionais (sentimentos que não vale a pena carregar).

Ninguém consegue espalhar coisas boas se não tiver coisas boas plantadas dentro de si. Nada é fácil para ninguém. Às vezes passamos por situações que não sabemos explicar e, mesmo que soubéssemos, mesmo que quiséssemos, poucos entenderiam as palavras ditas pelos nossos silêncios, dores e tribulações, poucos estariam dispostos a serem ombros amigos, poucos se sujeitariam a serem mãos estendidas. Sim, devemos batalhar pelo que almejamos, mas também temos que estar de pé para isso.

Às vezes temos que sair dessa posição de vítima que as adversidades diárias nos obrigam a aceitar e entender que nenhuma tempestade, decepção, situação ou pessoa ruim é superior aos propósitos de Deus em nossa vida.

Não se entregue ao fracasso, não se abandone e não deixe de acreditar em dias melhores. As coisas vão dar certo sim, isso é uma promessa divina. Não se lamente por nada e não se deixe abater quando os ventos soprarem forte. Às vezes a sua força é só para levar para longe o que não nos tem feito bem. Esteja firme em seus objetivos e sonhos, continue sempre e não acredite nas más informações de quem nada sabe sobre os seus dias.

Deus quer e vai te reconstruir. Não importa o tamanho do problema que você vem enfrentando nos últimos dias, ele não é e nunca será maior do que Deus. Mas toda essa obra depende muito da sua fé, da sua força de vontade e da sua permissão.

Organize os seus sentimentos

Já faz um tempinho que comecei a colocar minha casa interior em ordem. Isso me custou tempo, coragem e sentimentos. Tudo estava bom demais para ser verdade, as coisas estavam bonitas demais, coloridas demais, perfeitas demais. Quando isso acontece, acreditem, debaixo do tapete há lixos escondidos que não foram removidos pela falsa beleza do estar bem demais. As pessoas confundem muito o estar bem com o estar perfeito. Prefiro estar de boa, em paz com Deus e com todos, mas com os pés no chão, com a verdade exposta, com a realidade na cara.

Amar alguém, gostar, ter uma amizade sincera, querer por perto e do lado de dentro da gente não tem nada a ver com se humilhar em atenção e afetos. Isso eu também tive que organizar em mim, para que todos aqueles que se aproximem possam entender que, além de uma boa companhia e de uma boa amiga, mesmo abarrotada de defeitos, eu também tenho um coração que merece ser respeitado, amado, cuidado e jamais usado, maltratado ou manipulado.

Hoje a minha visão de vida é diferente, e não aceito que me desorganizem, não quero e não vou correr atrás de quem vive de "tanto faz", de quem pouco se importa, de quem se preocupa só com o seu umbigo. Eu não vou viver em função de pessoas erradas e atraídas pelo mal.

Problemas todos têm, e se isola quem se acha o único na face da terra a sofrer, a se desiludir, a se decepcionar ou a fracassar de vez em quando. Para que as coisas deem certo na vida da gente, primeiro precisamos depositar a nossa confiança em Deus, depois nos permitir certas mudanças, então rejeitarmos de vez o que não nos faz bem. Falo de coisas, falo de pessoas mal-amadas também, que só querem ser notadas, mas que não se preocupam com ninguém.

Hoje, eu não espero mais nada de ninguém, nem aplausos, nem cordialidades, apenas o respeito e a boa educação, que eu penso que são condutas primordiais em qualquer ser humano. A vida me ensinou a não ultrapassar limites, a não impor regras, a não querer entrar em conflito com a maldade. Deus me ensinou a esperar n'Ele, a aceitar o tempo d'Ele, a vontade d'Ele para todas as coisas em minha vida. Eu aprendi.

Seja em qualquer área, Ele tem promessas a cumprir em nós, Ele já tem uma história escrita para nós. Por mais que tentem nos parar ou anular, Ele sempre estará à nossa frente e fará com que os nossos milagres aconteçam, com que o nosso coração se alegre pelo melhor d'Ele que nos chega. Mas não podemos nos esquecer de que os sabotadores de felicidade existem.

Devemos ser cautelosos com quem entra e sai da nossa vida porque nem todos estão aptos a conhecer os nossos sonhos, planos e projetos. Deus nos livra de todo o mal, mas precisamos saber nos distanciar do que é ruim para nós, precisamos saber que o que é ruim está ocupando lugares em nós com a nossa permissão.

Você não é, de maneira alguma, aquilo que os outros pensam de mau a seu respeito. Até mesmo porque Aquele que te criou é perfeito demais para pedir opinião de pessoas tão imperfeitas como nós. Ele te fez da maneira d'Ele. Ignore as más informações, erga a cabeça, caminhe em linha reta e agradeça a Deus por acreditar em você. Foi Ele que te fez, e é por Ele que coisas incríveis acontecem em sua vida. É o suficiente.

Você tem valor

Quando o seu adversário não consegue te tirar dos propósitos de Deus para a sua vida, ele tenta de alguma forma tirar a sua atenção de tudo aquilo que te traz paz e certeza. Essa forma estratégica nada mais é que te afrontar, te provocar, te cutucar pela maldade, te ofender e esperar de você uma reação. Psiu, olhe para a frente.

Um dos nossos maiores erros é nos algemar no sofrimento e acreditar que tudo aquilo pelo que estamos passando de ruim acontece por culpa nossa. Pensamos que aquele problema, que aquela situação terrível e constrangedora não terá solução. Ei, todos passam por fases ruins, muitas delas aparentemente sem saída e sem respostas. O nosso desafio é nos conter diante daquilo que está tentando de alguma forma nos destruir e trazer para dentro de nós as certezas de que, independentemente das circunstâncias, Deus é maior que tudo e o mal não prevalecerá contra nós.

O que precisamos aprender é que o mundo não gira só ao nosso redor, ele é grande e nele há muitas pessoas boas e também muitas pessoas ruins. Precisamos compreender que, a cada passo que dermos em direção a algo importante na vida da gente, os sabotadores de felicidade alheia vão se revelar.

Os nossos sentimentos sempre serão o seu ponto estratégico. Atingindo-nos emocionalmente eles conseguem invadir a nossa mente a ponto de nos fazer acreditar que realmente somos um fracasso.

Deixa eu te dizer algo muito importante: o seu valor está naquilo que você consegue vencer por si mesmo. Se você se torna imbatível frente à ofensa, ela não conseguirá te ferir, ainda que te entristeça. Se você se torna imbatível frente às más línguas, elas não conseguirão te afetar, ainda que tentem denegrir a sua imagem por aí. Se você se torna imbatível frente às críticas destrutivas, elas não conseguirão te fazer desistir. Se você se torna imbatível frente à inveja, ela não te causará danos.

A força que há em você, quando exercida na convicção de que Deus está do seu lado, é que faz toda a diferença. É ela que traz as verdades precisas a seu respeito, que farão com que tudo de ruim se transforme em aprendizado e bênçãos em sua vida. A partir do momento em que você se reconhece e aprende a importância tamanha que você tem, o que vier de baixo realmente não te atingirá mais, porque é mesquinho diante das grandes possibilidades que o Senhor tem a te oferecer.

Amor-próprio tem muito a ver com valor próprio. É algo que vem de dentro da gente, que não se perde pela falta de amor e de respeito do outro. Quando a sua autoestima está elevada, aquilo que vem para te anular perde totalmente a direção, o que não dá certo para você se transforma em oportunidade e preparação.

Tentar de novo, acreditar, se encorajar, não desanimar ou desistir são virtudes preciosas de quem sabe o que realmente quer da vida, de quem sabe o quanto os seus objetivos são importantes.

    Muitos sofrem por não reconhecerem o seu próprio valor e por não protegerem a sua essência diante do desmerecimento de alguém. Não são os outros, somos nós que precisamos nos comprometer com a nossa vida e aprender a lidar com os desafios que ela nos propõe sem nos encolher diante deles.

Tudo é uma questão de fé e confiança. Nada vai além das nossas forças, Deus não permite.

Não se sinta inferior a ninguém

Ninguém vence sem passar por um processo de aprendizado e fortalecimento. Ninguém conquista nada sem fazer um nome com Deus, sem mostrar serviço, sem botar a cara a tapa e se encorajar diante das lutas, mesmo que aos olhos de muitos seja visto como a pior das criaturas. Davi era um simples pastor de ovelhas, não ficava no meio dos grandes guerreiros, não era o mais aprovado para as grandes batalhas, porém, quando Deus rejeitou Saul, foi a ele que escolheu para ser o grande Rei de Israel.

> Então disse o SENHOR a Samuel: Até quando terás dó de Saul, havendo-o eu rejeitado, para que não reine sobre Israel? Enche um chifre de azeite, e vem, enviar-te-ei a Jessé o belemita; porque dentre os seus filhos me tenho provido de um rei.
> (1 Samuel 16:1)

Mas isto não aconteceu muito rapidamente, ele teve que batalhar, estava com a unção, mas ainda precisava do ensinamento, da sabedoria, do conhecimento, da humildade e da confiança de um povo que precisava urgentemente de um líder que fizesse por eles exatamente o que o Senhor queria. É nas grandes batalhas que se constroem os grandes heróis, é nos seus maiores desafios que te são entregues as oportunidades de mostrar a você, e a tudo o que vem contra a sua vida, quem você realmente é.

O Senhor mandou que o profeta ungisse Davi como rei porque nele havia obediência, coragem, humildade e sabedoria. Essa unção o encorajou diante de Golias e fez com que o derrubasse com a arma que ele sabia manejar, o estilingue. Não se sinta menor nem incapaz quando alguém tentar te parar, humilhar ou diminuir. Você só precisa confiar em Deus, você só precisa se calar e saber que o maior reconhecimento na vida da gente vem d'Ele.

Você só precisa saber que a sua força não está naquilo que você possui, mas naquilo que você é diante d'Aquele que tudo sabe e que tudo pode fazer por você. É o suficiente. É Ele que te honra. É Ele que te leva a vencer.

As diferenças entre Davi e os seus irmãos eram muito grandes. Seus irmãos eram guerreiros, Davi era pastor de ovelhas e o menor da casa. Seus irmãos sabiam manejar uma espada, Davi só sabia manejar uma funda e o cajado com que guiava as ovelhas. Seus irmãos tinham boa aparência, Davi era franzino. Seus irmãos bem apresentáveis e admirados pelo seu pai, Davi ficava no pasto, longe de tudo e todos. Mas essas diferenças eram humanas, Deus não nos vê como o ser humano vê.

> *[...] porque o Senhor não vê como vê o homem, pois o homem vê o que está diante dos olhos, porém o Senhor olha para o coração.*
> (1 Samuel 16:7)

Apesar de todas essas qualidades visíveis que os irmãos de Davi tinham, eles foram medrosos diante do gigante que afrontava o povo de Israel.

A preparação que eles tinham para encarar o problema era superficial. Enquanto Davi, por mais que o olhassem como um menino fraco e desprotegido, foi preparado lutando contra ursos e leões quando protegia as ovelhas de seu pai.

> *Disse mais Davi: O Senhor me livrou das garras do leão, e das do urso; ele me livrará da mão deste filisteu.*
> (1 Samuel 17:37)

Nada é em vão em nossa vida. Enquanto alguns te olham com desprezo e não dão nada por você, há um Deus no céu contemplando os seus passos, as suas lutas, o seu sofrimento, e observando as suas habilidades ao realizar uma tarefa e ao enfrentar as situações adversas da sua vida. Você está sendo observada(o) pelo Senhor faz tempo, esse gigante que te afronta hoje será o motivo das suas grandes conquistas de amanhã.

O que tornou Davi conhecido por todos foi a sua coragem de enfrentar Golias quando todos o temiam, foi a sua vontade de defender um povo que sofria afrontas, foi a sua determinação, a sua confiança naqu'Ele que o havia escolhido. Vencer o gigante fez com que ele vencesse a língua de muita gente que o desprezava pela sua estatura e pela sua simplicidade de ser exatamente quem ele era, sem escudos, sem armaduras, sem máscaras, sem aparências. Vencer o gigante o tornou popular, famoso e respeitado entre todos, sendo reconhecido por muitos e também invejado por muitos.

Vencer o gigante fez com que ele conquistasse o coração do povo pela sua gentil presença e simplicidade. O que quero que você entenda é que por trás de qualquer desafio tem um propósito do Senhor sendo construído em sua vida. Quanto maior ele for, mais honrado você será.

Faça com que os seus dias sejam bem aproveitados. Limite as situações que sabotam a sua paz, se resolva com a vida de maneira leve e sensata. Você precisa disso, aliás, nós precisamos disso, de cuidado, de tempo, de um momento a sós com a gente mesmo e com Deus. Ninguém vive bem se sabotando o tempo todo. Estou nesse caminho, me sentindo incrivelmente bem.

Deus te fez único

> Nenhum esforço valerá a pena se você não se amar, não se respeitar e não se valorizar.

Sou de encontros demorados, mas também sou de partidas desavisadas. Sou de lutar pelo que quero, mas também sou forte o bastante para desistir quando o que quero não está de acordo com o que Deus quer para mim. Sou de abraçar sem pedir nada em troca, mas também sou de me afastar quando os meus abraços não são bem aceitos. Sou de ajudar sem dizer uma só palavra, de defender sem medir esforços, de amar sem olhar defeito, mas também sou de me perceber por dentro e entender que o que faz doer em mim não merece o meu tempo, a minha importância, nem tampouco a minha preocupação.

Sou de voos altos, seja lá pelo que for ou por quem for, mas tenho os meus pés firmes no chão. Já me feri muito nessa vida por escolhas e por prioridades erradas, por amar tanto quem não estava a fim de receber os meus sentimentos e cuidados, por acreditar que a minha simpatia mudaria algumas pessoas e por querer transformar o mundo dos outros sem sequer entender o meu, mas hoje, diante de tudo pelo que eu já passei, pelo tanto que cresci, posso te afirmar, por experiência própria, que nenhum esforço valerá a pena se não tivermos por nós mesmos respeito, admiração e amor.

Posso garantir que nenhuma conquista, por mais significativa que seja para nós, nos trará satisfação se não estivermos em paz com o nosso coração e se não soubermos o valor que temos. Portanto, trate de se cuidar e, antes de permitir que a sua alma sofra por um sonho que não aconteceu, por uma porta que não se abriu, pela ofensa ou pela não reciprocidade de alguém, lembre-se que maior é Deus na sua vida, é d'Ele que você depende e é só a Ele que você deve agradar. Ele te fez único, é isso que precisa ser considerado. Nem todos vão te aceitar, isso é normal. Nem todos vão te achar interessante, isso é normal também.

O que não é normal é sermos dependentes da aprovação dos outros e acreditarmos que a nossa felicidade, o nosso sucesso, a nossa autoestima estão ligados à opinião alheia, nos sujeitando ao tempo dos outros e não FAZENDO nada de produtivo por nós mesmos, permitindo que as circunstâncias nos tirem a alegria, a força, e o amor por nós e por tudo que gostamos de fazer. A alma também atrofia quando não nos permitimos ser quem somos para satisfazer quem não viveu ou pelo menos conheceu a nossa história.

Se você deseja realmente ter sucesso na vida, então comece acreditando mais em você. Se perceba por dentro e por fora, pare de se comparar aos outros e se descartar. Pare de querer ser igual a fulano ou sicrano. O exterior dele é visível, mas o interior não. Desejar ser igual a outra pessoa é um insulto até contra Deus, que te fez com tanto cuidado e amor...

As trevas não permanecem
quando a luz chega, quando nos
dedicamos a orar, a buscar e a
clamar, quando decidimos encarar
as tempestades ao invés de nos
entregar aos estragos que elas
nos causam, quando optamos por
enfrentar os ventos ao invés de
temermos a sua força.

Ore por aqueles que falam mal da sua vida

Eu, porém, vos digo: Amai a vossos inimigos, bendizei os que vos maldizem, fazei bem aos que vos odeiam, e orai pelos que vos maltratam e vos perseguem; para que sejais filhos do vosso Pai que está nos céus. (Mateus 5:44)

Vou te contar um segredo: eu também acho muito difícil orar por aqueles que só me desejam o mal, que me perseguem e tentam denegrir a minha imagem, que lançam sobre mim o seu ódio e a sua falta de amor e respeito. Não escondo isso de ninguém porque sou humana e sinto como qualquer um de vocês. Sofro quando sou injustiçada e quando levantam falso testemunho contra mim, mas não me permito ser laçada pelo rancor porque sei que isso só fará mal a mim. Luto contra venenos afetivos e protejo o coração daquilo que não me trará paz nem dias tranquilos.

Você já deve ter ouvido falar que melhor do que ofender e prejudicar aqueles que não gostam de nós é poder dormir com a consciência tranquila e a alma leve, livre de acusações. Isso soa até como uma hipocrisia, não é verdade? Mas, melhor que odiar, que amaldiçoar, que maltratar quem nos afronta e que revidar o que vem contra nós, é podermos fazer a diferença oferecendo a quem não gosta da gente o que eles nunca tiveram para oferecer – ou até tiveram um dia, mas perderam pelas amarguras da vida, e por esse motivo se tornaram pessoas rancorosas, amargas, vingativas e vazias –, que é respeito, amor, admiração e valor.

Melhor do que desejar o pior para eles é não sermos como eles, e sim como Jesus, que mesmo sendo traído por Judas o chamou de amigo, que mesmo sendo condenado e odiado por tantos, rogou a Deus o perdão para todos. Não somos perfeitos e não podemos exigir que os outros sejam. Ainda que nos decepcionem, precisamos nos proteger desses sentimentos ruins que só nos puxam para a escuridão, que só nos afastam das bênçãos que almejamos e que nos tiram da presença de Deus, que só nos roubam a gentileza da alma e a humildade também.

Temos que ser superiores a tudo o que contradiz o amor em nós.

Quando você perde um minuto que sejado seu tempo pensando em como revidar aquela ofensa, aquela agressão ou aquele fofoqueiro que saiu por aí espalhando inverdades a seu respeito, você está perdendo uma oportunidade tremenda de fazer algo de bom para você mesmo, e com isso está enchendo o seu coração de coisas ruins que não combinam nem um pouquinho com você, que não fazem parte da sua boa educação, que não têm nada a ver com o seu caráter.

O fogo só aumenta se colocarmos lenha, o ódio só ganha forças se tiver plateia, o agressor só se sente forte vendo a sua reação. Infelizmente há aqueles que com a sua boa conduta conseguem resolver suas insatisfações de forma honesta e admirável, mas também há aqueles que precisam gritar, espernear, difamar, causar para se sentirem realizados e não conseguem entender que a mesma força que os leva a serem tão negligentes, lhes rouba a liberdade dos sentimentos e a alegria de seguir sem ressentimentos.

Não há nada mais inteligente e favorável nessa vida do que entregarmos nas mãos de Deus qualquer causa e esperarmos d'Ele a Sua justiça como resposta.

O amor que sentimos tanto por nós quanto pelo próximo é o que nos diferencia.

Você tem identidade própria

Diante de qualquer situação difícil, seja em qualquer área da sua vida, nunca se esqueça de quem você é, nem permita a ninguém desrespeitar a sua história. Por mais que te machuquem, que te desmoralizem, que te humilhem, que façam de tudo para tirar a sua coragem, afetar a sua autoestima e fazer você se sentir uma pessoa inútil e sem valor, jamais entregue nas mãos do outro a sua força e os seus sentimentos.

Ainda que os seus pensamentos comecem a trabalhar contra você devido às circunstâncias do que você está vivendo, fazendo você se sentir inferior aos outros a ponto de te furtarem a alegria, o respeito e a aceitação própria, por favor, vença-os, mas não permita de maneira alguma que eles te convençam a se olhar com indiferença, que te façam acreditar que você não nasceu para ser feliz.

As suas limitações, o seu jeito de ser, a sua forma de viver, os seus sentimentos, as suas vontades são suas armas de apoio, através deles você se protege da falta de percepção e cuidado do outro. A sua identidade deve ser protegida quando o seu emocional for atingido. Essa proteção você só adquire mantendo a sua memória atualizada em relação a você mesmo.

Algumas pessoas do seu convívio diário sabem quem você é pelas informações que você fornece a elas através dos seus atos e das suas palavras, outras pelo que já presenciaram da sua vida, mas ao profundo dos seus sentimentos e pensamentos apenas você e Deus têm acesso. Portanto,

> [...] *tudo o que é verdadeiro, tudo o que é honesto, tudo o que é justo, tudo o que é puro, tudo o que é amável, tudo o que é de boa fama, se há alguma virtude, e se há algum louvor, nisso pensai.* (Filipenses 4:8)

Esse percurso todo que fiz foi só para te dizer que somos conduzidos pelo bem que fazemos a nós e pelo amor que nos dispomos a sentir, e que provavelmente nos relacionaremos com outras pessoas diferentes de nós. Algumas se aproximarão pelo que somos, outras pelo que temos. Algumas permanecerão do nosso lado por conhecerem a nossa essência e por entenderem que não conseguirão nos mudar, outras partirão pelo mesmo motivo.

Tudo é uma questão de afinidade, não de rejeição. Em se tratando de namoro, casamento, de vida amorosa, podemos começar uma relação super saudável e, com o passar dos anos, nos surpreender com as mudanças negativas do outro, ou nos decepcionar com suas atitudes em relação a nós.

Estamos sujeitos a sentimentos, mas não podemos nos tornar escravos deles e permitir que a covardia de alguém ou que as circunstâncias nos atinjam a ponto de nos fazerem esquecer quem somos e o que já vencemos, nos tornando pessoas ressentidas, vazias, desmotivadas e sem sonhos. Amar o próximo, ainda que ele não nos ame ou nos respeite, é uma tarefa árdua. Amar aqueles que nos perseguem e não nutrir o mal que eles nos lançam não é fácil. Amar aqueles que não pensam como nós, e que talvez não nos aceitem como realmente somos, também não.

O importante na vida de quem tem identidade, personalidade e caráter é não se sabotar nem se prejudicar. Quem se sente bem vivendo de faz de conta?

Quem se ama sabe o verdadeiro sentido do amor, aquele que sente por si mesmo, aquele que doa sem esperar nada em troca. Embora o nosso coração exija reciprocidade, precisamos entender todos os dias que o amor de Deus é livre de condições e que, se aprendermos a exercê-lo em sua totalidade, compreenderemos o valor de ser quem somos, de nos amar como somos e de amar, respeitar e aceitar o outro como ele é.

Ao contrário do que muitos pensam, o amor-próprio nos enriquece a alma quando descobrimos em nós a capacidade de olhar para o outro sem remoer o mal que ele nos fez, de perdoar mesmo que ele não nos compreenda.

Não estou falando sobre convivência, esse é outro assunto a ser abordado, eu estou falando sobre libertação pessoal, aquela que não te prende ao outro pelas falhas que ele comete. Aquela que te faz dar continuidade à sua vida sem dever nada a ninguém, apenas o amor, aquele que você sabiamente cultiva em você por você.

Vença esse medo de ser diferente

Uma das coisas que me bloqueava totalmente era o medo. Medo de críticas, medo de fazer algo para mim e por mim, medo de expor minha opinião em determinado assunto e ser banalizada por isso, medo de não agradar alguém até na minha forma de viver, medo de perder. Eu me bloqueava por medo de ser diferente.

Eu acreditava que ser uma pessoa boa era estar centrada só naquilo que fazia bem aos outros, e não a mim, e isso foi me fazendo acreditar que o que importava era os outros estarem bem, que os meus sonhos, diante dos deles, eram menos interessantes. Isso não era generosidade, era medo. Esse medo que eu sentia de ser quem eu sou, de tomar a frente da minha vida, de fazer algo bacana por mim deu poder a muita gente de brincar com os meus sentimentos e de trair a minha confiança, entende? Eu passei a não respirar o meu próprio ar por medo, e o pior de tudo é que eu tinha medo até de contar isso para alguém. O que nos paralisa muitas vezes não são as quedas que levamos, ou as falhas que cometemos, mas o medo do que os outros vão deduzir em relação a nós, fazendo com que a nossa vontade de nos reerguer e de tentar de novo se estreite dentro de uma série de situações constrangedoras criadas por nós mesmos.

Medo de não vencer os nossos próprios limites e sentimentos. Medo de expressar o que está nos ferindo e de perder a pessoa que amamos, medo de ser real. A gente sabe que pode, que consegue, que é super bacana, que tem inúmeras ideias e qualidades, que precisa se libertar, mas não permite que o nosso pensamento trabalhe a nosso favor por ocupá-lo demais tentando imaginar o pensamento dos outros.

Tornamo-nos inferiores por causa de nossos próprios pensamentos, nos algemamos na insegurança, no pessimismo, na timidez, na falta de iniciativa. Tudo isso por falta de amor por nós mesmos e por tudo que gostamos de fazer.

Se quisermos ter sucesso, conquistar e nos realizar na vida em qualquer área, primeiro precisamos conhecer a autoridade que temos sobre a nossa vida através d'Aquele que nos fez e nos deu total liberdade de ir e vir, Deus. Logo em seguida precisamos aprender a separar o que nos faz bem daquilo que não faz nada para a gente. É fundamental guardarmos o que é bom, útil e verdadeiro e lançarmos fora o que só nos impede de florescer.

É muito importante você se conhecer e conhecer a terra que você pisa antes que alguém plante no seu lugar e colha os frutos que eram para você colher. Há quem diga que o tempo certo de Deus chega para todos, em tudo, e eu concordo plenamente. Mas muitas pessoas já perderam oportunidades gigantescas na vida por se acomodarem no tal "ninguém me ama, ninguém me quer", como se as pessoas comuns ao seu redor fossem responsáveis por elas, por não perceberem que o tempo delas estava passando e por não o virem passar por estarem tão sem rumo, tão preocupadas com as más informações a sua volta.

Eu me venço todos os dias. Tenho alguns medos ainda, não vou negar isso a você, mas luto contra tudo o que me bloqueia porque eu sei que isso depende das minhas escolhas e decisões. Eu decidi passar por cima disso. Tenho essa certeza em meu coração: só eu consigo me libertar desses fantasmas desencorajadores através do compromisso que fiz com Deus de viver bem a cada dia na dependência d'Ele, e de amar a pessoa que eu me tornei, acreditando que ela é capaz e humana, sujeita a desacertos, mas com muitas possibilidades de sucesso.

Dia desses uma leitora me fez a seguinte pergunta: Como ter certeza de que Deus está agindo por mim se tudo em minha vida está dando errado? Se eu não consigo sair do lugar e vencer os meus próprios limites? E o questionamento dela me fez refletir sobre uma das mais lindas passagens bíblicas: Pedro andando sobre as águas. Quando os discípulos estavam no barco, em um mar revolto, na escuridão, sem saber o que fazer diante daquela situação, distantes de tudo e de todos, Jesus apareceu andando sobre as águas.

A reação deles foi de medo e pavor. Eles não conseguiram reconhecê-lo porque estavam em desespero. Jesus disse: NÃO TENHAM MEDO! Sou eu. Porém, mesmo se revelando a eles, Pedro ainda duvidou e disse: Se é o Senhor, me permita ir ao seu encontro! E Jesus disse: Venha! Mas Pedro, ao olhar para a força do vento, teve medo mais uma vez e começou a afundar. Imediatamente o Senhor o segurou pela mão e o chamou de homem de pouca fé.

Pedro teve uma oportunidade incrível de andar sobre o mar e deixar um registro grandioso em sua história. Ele foi convidado por Jesus, mas o medo não o deixou prosseguir, e ele afundou. Acredito que o que mais o amedrontou não foi a imensidão das águas, mas a dúvida de Jesus não estar ali realmente. É por esse mesmo motivo que muitos desistem: pela incredulidade, por não confiarem em Deus e naquilo que são capazes de fazer estando com Ele no controle da sua vida.

Pedro foi mais corajoso do que os outros discípulos que ficaram no barco só olhando, mas foi medroso quando se viu fazendo o inacreditável. Ele conseguiu andar sobre as águas, ele viu que podia, ele sentiu a água ser o seu chão, mas não acreditou que podia. Estava com a bênção diante dos seus olhos, mas duvidou em seu coração.

Encare os obstáculos, enfrente os desafios e diga para você mesmo: EU POSSO, não porque você tem super poderes, mas porque há um Deus no Céu te estendendo as mãos e te convidando a vencer.

Se olhe por dentro, conheça a pessoa incrível que você se tornou. Não tenha medo, pessoas diferentes fazem a diferença.

Conselho endereçado a alguém!

Eu realmente não sei até que ponto você aguenta, mas Deus sabe todas as coisas, Ele entende o seu coração e a sua vida. Querer a mudança de alguém e julgá-lo por seus defeitos é bem mais fácil do que olharmos para nós mesmos e encontrarmos inúmeros defeitos em nós.

Deus foi tão sábio na sua criação que nos fez voltados para o outro. Conseguimos de alguma maneira olhar para todo o nosso corpo, mas para o nosso próprio rosto não. Acredito eu que Ele quis nos ensinar a olhar para o nosso semelhante como se estivéssemos olhando para nós e a buscarmos nele o que necessariamente precisamos ver em nós.

"Amai-vos cordialmente uns aos outros com amor fraternal, preferindo-vos em honra uns aos outros". (Romanos 12:10).

A ordem d'Ele é que amemos em atitudes, que esse amor venha acompanhado de honras e munido de respeito e integridade, ainda que não seja recíproco. Não estou dizendo que devemos nos sujeitar ao descaso ou à falta de respeito de ninguém, mas que se você consegue amar aquele que te fere, é porque Deus está acima dele em sua vida. Não é o que o outro faz contra nós que nos enfraquece ou nos rouba a esperança e o amor-próprio. Ele até consegue nos machucar, mas a ferida só permanecerá aberta se não cuidarmos dela. Não culpe ninguém por isso, até mesmo porque a vida é sua e as entradas do seu coração só você conhece.

Não amamos ninguém por merecimento, mas porque há uma força maior em nós nos ensinando o valor do perdão e nos lembrando que somos seres imperfeitos, que não estamos aptos a condenar ninguém pela sua forma imperfeita ser. Você só reconhece o seu próprio amor quando precisa exercê-lo sem ficar esperando que alguém faça o mesmo por você.

Há quem diga que isso é ingratidão e que dói muito. Ainda que seja, isso cabe a quem não soube ou não teve o melhor a te oferecer. Cuide da sua dor, permita-se a cura e continue vivendo, fazendo o bem e espalhando o seu melhor. Eu já tive experiências grandiosas com Deus, já dei amor e recebi ingratidão, mas isso não me tornou uma pessoa ruim, pelo contrário, me ensinou que há pessoas que precisam conhecer o amor, ou que talvez até já o tenham conhecido um dia, mas que não se sentiram amadas e valorizadas, viveram a dependência e não se dispuseram a viver o amor verdadeiro.

Se gostar, se querer bem, se valorizar, se cuidar, se envolver consigo mesmo é muito importante. Usar todos esses sentimentos positivos em favor do próximo é extraordinário... Se dê amor, dê amor!

Se ame mesmo quando o amor de alguém lhe faltar. Mesmo quando aquela pessoa que um dia te prometeu lealdade, presença e cuidado não for a mesma de antes. Se ame quando a dor do descaso bater em seu coração e tentar te convencer que você mão merece ser feliz. Se ame porque você já é muito amado por Aquele que, além de te guardar e proteger, te fortalece na alegria d'Ele, Deus.

Escritores Convidados

Irismar Oliveira
Cleônio Dourado
Tatisa Furtado
Yla Fernandes

Não deixe o amor faltar...

Por **Irismar Oliveira** — Pastora e escritora.

Por que nos submetemos às relações doentias e aceitamos ser segunda opção, quando somos dignos de sermos únicos na relação? Porque mendigamos respeito e atenção, ou permitimos sermos feridos, machucados e humilhados, quando é possível viver em liberdade? Por que aceitamos tudo isso? Essas e outras situações revelam a falta de amor no coração.

Amor-próprio significa sentimento de dignidade, estima e respeito que cada qual tem por si mesmo. Ou seja, ele nos leva a ter consciência do nosso real valor e nos ensina a caminhar por ele.

Quando uma pessoa não tem essa consciência, comporta-se como um mendigo de atenção, amor e respeito, submetendo-se a situações constrangedoras. É consciente do seu sofrimento, mas não tem força para quebrar o ciclo da sua dependência emocional. Por essa razão, se autodeprecia e se submete a uma prisão de portas abertas.

A libertação acontece na alma, julgar não liberta. Quem se autodeprecia se torna submisso a situações constrangedoras. A raiz dessa submissão é o medo. Medo de não ser amado, de não ter ninguém ao seu lado ou de não ser reconhecido. A falta de amor-próprio é um reflexo do medo.

O verdadeiro amor lança fora todo medo. (1 João 4:18)

O amor de Deus, além de expulsar o medo, ativa o amor-próprio, a ousadia e a moderação em nossos corações. O amor abre os olhos do nosso entendimento para que possamos aceitar o nosso real valor.

Na aceitação do amor divino, o amor-próprio é ativado no coração do ser humano.Aquele que caminha nesse amor não danifica a sua própria imagem, nem a do próximo.

Todos os dias ouse aceitar o amor divino. Rejeite o medo e escolha caminhar em amor, dignidade, apreciação, honra e respeito por você.

Todos os dias, ame-se, valorize-se, e não se esqueça: o amor ao próximo será sempre um reflexo do amor que você tem por você.

Creia...

Deus nos chamou para a liberdade. E a Sua liberdade nos permite caminhar em amor!

A Beleza real

Por **Cleônio Dourado** — Escritor

Um dia você descobre que a aparência é o que menos importa. A essência do que você é e a profundeza do que você busca devem estar marcadas e encravadas dentro da sua alma, atemporal. Nenhum tempo será capaz de fazer com que essas marcas diminuam.

Os anos podem passar, mas a beleza natural caminha com esse mesmo tempo. É preciso aceitar tudo o que vem e tudo o que vai com a idade. Uma das maiores amarguras que alguém pode sentir é se olhar no espelho e não se reconhecer. É encontrar seu reflexo e ver uma imagem que não aceita ter. É não se reconhecer dentro de seu próprio ser.

Pare de tentar impor esse modelo que é cobrado. Pare de querer viver se comparando. Não existe biótipo certo, não existe padrão errado. É indispensável se valorizar, não se intimidar com rótulos, se desgarrar de qualquer tipo de amarra e se ver admirável. É preciso se aceitar. Pessoa nenhuma deve se considerar pior que outra. Todos somos súnicos, dentro de nossas individualidades. Todos somos lindos e perfeitos.

Descubra-se! Tire a cortina que te esconde, coloque sua beleza para desfilar. Você pode. Você deve. Não se troque pela padronização que a sociedade quer estipular. Se deixe levar pelo amor-próprio. A beleza real está muito além da perfeição que é cobrada. A beleza real está muito além daquilo que se vê. A beleza real é se aceitar, é saber se amar e deixar o tempo trabalhar por você!

Amor-próprio não é egoísmo

Por **Tatisa Furtado** — Psicóloga especializada em psicoterapia individual, de casais e famílias, escritora e comunicadora.

Amor-próprio é o sentimento de autoestima, ou melhor, é gostar de si mesmo! Com certeza é um sentimento bom, positivo, que a pessoa tem por si mesma! Ele vem acompanhado de autocuidado, de respeito e de responsabilidade consigo próprio! Amor-próprio é dever de quem recebeu a dádiva da vida! A falta de amor-próprio gera impacto em todas as nossas relações, causando um fenômeno social importante e preocupante que resulta em sérios problemas como a banalização das relações, a autoestima rebaixada, a falta de empatia, a carência patológica e a dependência emocional. É também a falta de amor-próprio que alimenta o egoísmo! O tão falado amor-próprio é fundamental para a saúde emocional da humanidade. A pessoa que se ama aprende o caminho da autoaceitação, que a ajuda a percorrer o caminho da reconciliação com a sua própria história! Quando consegue se reconciliar com o passado, então, entendeu tudo sobre se amar! Só aprende a amar a si mesmo quem se conhece!

O autoconhecimento, acompanhado de amor próprio, gera perdão para si mesmo. E se você se perdoa, aprende também a se respeitar e a se admirar! Por que essas coisas são importantes? Você só aprende a fazer isso pelos outros se aprendeu a fazer por si mesmo!!! Só respeita o outro, se aprendeu a se respeitar! Só julga bem o outro, se aprendeu a se julgar bem! Só perdoa o outro, se aprendeu a se perdoar! Só aceita o outro, se aprendeu a se aceitar! Entendeu como funcionam as suas relações?! Todas elas vão ser determinadas a partir do modo como VOCÊ SE RELACIONA CONSIGO MESMO! Cada pessoa, de maneira muito particular, irá refletir a sua relação consigo mesma nas suas relações com as pessoas à sua volta. Uma pessoa que se ama e se aceita terá maior facilidade em respeitar as diferenças de pensamentos, conseguirá exercitar tolerância sem que isso tire dela seus princípios e valores mais importantes. O amor-próprio facilitará a maneira como a pessoa se relaciona com o mundo à sua volta, tornando-a mais autoconfiante e fazendo com que aprenda a lidar, de maneira saudável, com críticas, medos e inseguranças. O que nem todo mundo compreende é que força e atitude são necessárias para abandonar velhos hábitos e pensamentos, pois precisamos também de atitude para abandonar o papel de vítima, de pedintes de amor, que insistimos em desempenhar quando nos falta amor-próprio. O amor-próprio nos dá liberdade de escolher e força suficiente para enfrentar as consequências de cada escolha. Ele nos liberta de relacionamentos ruins e não recíprocos, nos quais não há equilíbrio entre dar e receber. O amor-próprio é o principal elemento, o mais necessário para a construção de uma autoestima saudável e equilibrada. Ele é a base para aquilo que costumo chamar de nosso "escudo emocional". Este escudo nos traz o sentimento de autoconfiança para seguir com nossos próprios passos, nos faz aprender a filtrar críticas, aquelas que nos ajudam a crescer daquelas que nada têm a nos oferecer além de mal-estar; ele fecha brechas que futuramente podem se tornar gatilhos emocionais para o surgimento de transtornos psíquicos como depressão e ansiedade, bem como nos protege de iniciar ou permanecer em relacionamentos abusivos e situações adoecedoras. Amor-próprio não é egoísmo, pois se você se ama, se aceita e tem um bom julgamento a seu respeito, ainda que reconheça as suas falhas, você consegue construir relações saudáveis e livres da dependência emocional que traz peso à relação; você se responsabiliza por cuidar de si mesmo e livra o outro de fazer um papel que não é dele. Amor-próprio é exatamente o oposto de egoísmo! É um combate a ele! À medida que você se ama, você ensina o outro a te amar; na mesma medida em que se respeita, impõe um limite para que o outro aprenda a te respeitar também; na mesma proporção que você se admira, traz também o olhar de admiração daqueles que te amam verdadeiramente. Somente entendendo como ter amor-próprio é que aprendemos a nos relacionar com os outros com leveza e com saúde. Ame-se!

Deus te conhece bem

Por **Yla Fernandes** — Escritora

O amor a gente demonstra.
O respeito a gente oferece.
A bondade a gente distribui.
O perdão a gente pratica.
O amor próprio a gente exerce.
Ainda que o outro não pense como nós –reciprocidade é uma roupa que nem todos sabem vestir–, o importante é estarmos conscientes dos nossos atos. Mesmo que ninguém reconheça o bem que fazemos, Deus sabe quem somos e é d'Ele que procede o mais perfeito reconhecimento.

Considerações finais

Aproveite todas as oportunidades bem-vindas e possíveis para você. Não confie no depois, não reclame do agora e não dê tanta importância ao ontem ruim que se foi. Se forpara viver, que seja no tempo presente, confiando e agradecendo a Deus por tudo. Não reclame da vida, não priorize dores, não colecione decepções, encoraje-se diante das circunstâncias e não deixe de ser quem você é por nada nesse mundo. Não existe dinheiro ou status que esteja acima do respeito e do bom caráter de qualquer ser humano. Humildade é a base de tudo, amor ao próximo também. Dê o seu melhor, invista naquilo que realmente for bom para você, tenha bons pensamentos, vá à luta pelo que você acredita, se valorize, se queira bem e jamais se esqueça: Deus te permite ir até onde você aguenta e sabe exatamente a hora de intervir a seu favor. Supere-se, cuide-se e se dê muito amor.

Cecilia Sfalsin é também autora dos livros "Minha vontade de vencer é maior" e "Se Dê Amor", ambos lançados pelo selo Trinca Edições que pertence à Crivo Editorial.

https://crivo-editorial.lojaintegrada.com.br/ minha-vontade-de-vencer-e-maior

https://crivo-editorial.lojaintegrada.com.br/ seguir-em-frente

https://crivo-editorial.lojaintegrada.com.br/ kit-presente-cecilia-sfalsin

http://crivo-editorial.lojaintegrada.com.br/

Este livro foi composto em Georgia sobre Cartão 250g/m², para capa; em Georgia sobre Off Set 90g/m², para o miolo. Foi impresso em Belo Horizonte no mês de novembro de 2019 para a Trinca Edições.